( )がつ ( )にち ( )ようび　レベル ★☆☆☆☆

なにが ちがう?

もとの えと ちがう ところを
5こ みつけて ○を つけましょう。

解けたら、花まるを
描いてあげましょう。

もとの え

ちがう え

基本の間違い探しです。どこがどのように違っているのかを、言葉を使って表現してみましょう。見逃さないように、左から右、上から下のように順序よく見ていくのも大切です。

( )がつ ( )にち ( )ようび　レベル

なにが　ちがう？

もとの　えと　ちがう　ところを
5こ　みつけて　○を　つけましょう。

もとの　え

ちがう　え

基本の間違い探しです。どこがどのように違っているのかを、言葉を使って表現してみましょう。形が異なるだけでなく、あるなしにも気をつけて探すよう、教えてあげましょう。

( )がつ ( )にち ( )ようび　レベル ★☆☆☆☆

おなじものは どれ?

もとの えと おなじ くつを
1こ みつけて ○を つけましょう。

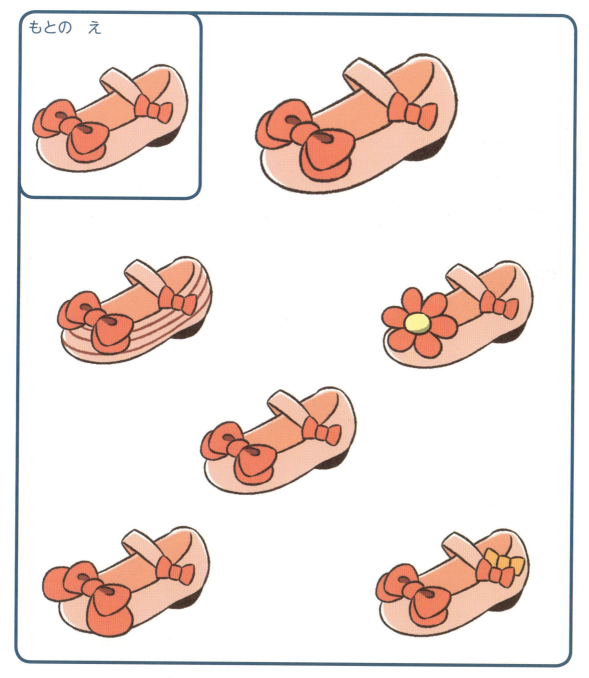

( )がつ ( )にち ( )ようび　　レベル ★☆☆☆☆

なにが　ちがう？

もとの　えと　ちがう　ところを
7こ　みつけて　○を　つけましょう。

もとの　え

ちがう　え

基本の間違い探しです。どこがどのように違っているのかを、言葉を使って表現してみましょう。例えば、「女の子の服が違う」というだけでなく、下はひし形の模様がひとつ少ないなどと説明できるようにしましょう。

(　　)がつ(　　)にち(　　)ようび　レベル ★☆☆☆☆

なにが　ちがう？

もとの　えと　ちがう　ところを
7こ　みつけて　○を　つけましょう。

もとの　え

ちがう　え

基本の間違い探しです。どこがどのように違っているのかを、言葉を使って表現してみましょう。「男の子の左手が上は右手と同じ高さだけど、下は上にあがっている」というように説明できるとよいですね。

(　　)がつ (　　)にち (　　)ようび　　レベル ★★☆☆☆

なかまはずれは　どれ？

ちがう　かたちの　かさが　あるよ。
1こ　みつけて　○を　つけましょう。

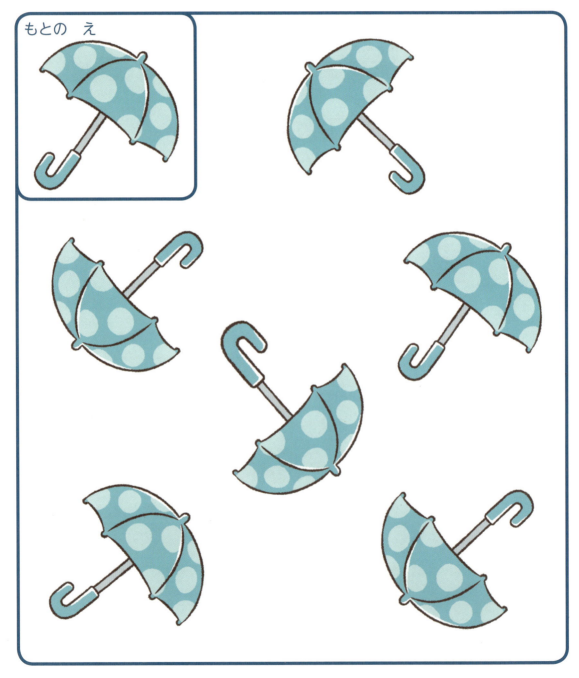

異図形を発見する問題です。同図形を発見する問題とは逆に考え、明らかに同じものを選択肢から外していくと、解きやすくなります。回転の問題でもあるので、「頭の中でくるくる回して」と言葉をかけましょう。

(　)がつ (　)にち (　)ようび　　レベル ★★☆☆☆

なにが ちがう?

もとの えと ちがう ところを
8こ みつけて ○を つけましょう。

もとの え　　　　　　ちがう え

基本の間違い探しです。どこがどのように違っているのかを、言葉を使って表現してみましょう。難しいようであれば、「このあたりは見た?」と、ヒントを出してあげてください。

( )がつ ( )にち ( )ようび　レベル ★★☆☆☆

どこが　まちがっている?

おじいさんが　かぐやひめを　みつける　ようすが
かがみに　うつっているよ。もとの　えと　ちがう　ところを
5こ　みつけて　○を　つけましょう。

もとの　え　　　　　　　　かがみに　うつった　え

鏡を使った間違い探しです。鏡は左右対称に映るので、向きの違いに、より注目して考えてください。対称という概念は難しいものですが、実際に鏡を使って、どのように映るかを確認してみましょう。

(）がつ（ 　）にち（ 　）ようび　　レベル ★★☆☆☆

なかまはずれは　どれ？

ちがう　かたちの　ぬいぐるみが　あるよ。
3こ　みつけて　○を　つけましょう。

( )がつ ( )にち ( )ようび　　レベル ★★☆☆☆

かわった ところは どこ？

たべる まえと たべている とちゅうで
なくなったものは なにかな。
5こ みつけて ○を つけましょう。

たべる まえの え

たべている とちゅうの え

時間経過を使った間違い探しです。基本の間違い探しとは違うので、人物の動きは間違いにカウントしません。「ジュースは飲んだ」など、どこがどう変わったのかを言葉で表現し、頭を整理しましょう。

( )がつ ( )にち ( )ようび　　レベル ★★★☆☆

かわった　ところは　どこ？

りょこうへ　でかける　ときと
かえってきた　ときで　どこが　かわったかな。
8こ　みつけて　○を　つけましょう。

でかける　ときの　え

かえってきた　ときの　え

時間経過を使った間違い探しです。基本の間違い探しとは違うので、人物と動物の動きは間違いにカウントしません。なくなったものだけでなく、増えたものや変化したものにも注意を向けましょう。

( )がつ ( )にち ( )ようび　レベル ★★★☆

どこが　へん？

「つるの　おんがえし」の　おはなしと
ちがう　ところが　えの　なかに　3こ　あるよ。
みつけて　○を　つけましょう。

( )がつ ( )にち ( )ようび　レベル ★★★☆☆

どこが へん?

「シンデレラ」の おはなしと ちがう ところが
えの なかに 3こ あるよ。
みつけて ○を つけましょう。

知識を使う間違い探しです。「シンデレラ」の童話を知っていれば、問題が解けます。「本当は何の馬車だったかな?」「靴は?」など、実際のお話はどうだったのか、一緒に話してみましょう。

( )がつ ( )にち ( )ようび

だれが かえった？

おたんじょうびかいの とちゅうで
かえった ひとが ひとり いるよ。
みつけて まえの えに ○を つけましょう。

かえる まえの え

レベル ★★★☆☆

かえった あとの え

(　　)がつ (　　)にち (　　)ようび　　レベル ★★★☆☆

なにが ちがう？

もとの えと ちがう ところを
10こ みつけて ○を つけましょう。

もとの え

ちがう え

基本の間違い探しです。わかりやすいところを見つけたら、今度は左から右、上から下と細かく見ていきましょう。どこがどのように違っているのかを、言葉を使って表現してみましょう。

(）がつ（ ）にち（ ）ようび　レベル ★★★☆☆

おなじかたちは　どれ？

もとの　えと　おなじ　ウサギの　かげが　あるよ。
1こ　みつけて　○を　つけましょう。

もとの　え

影を使った間違い探しです。絵柄や模様でなく輪郭をよく観察することが大切です。もとの絵を影のように黒く塗りつぶしたり、輪郭をなぞったりして比べてみると、よりわかりやすくなります。

(　)がつ(　)にち(　)ようび　　レベル ★★★☆☆

おなじものは　どれ？

もとの　えと　おなじ　じてんしゃを
3こ　みつけて　○を　つけましょう。

( )がつ ( )にち ( )ようび　レベル ★★★☆☆

おなじものは　どれ？

もとの　えと　おなじ　ピザを
3こ　みつけて　○を　つけましょう。

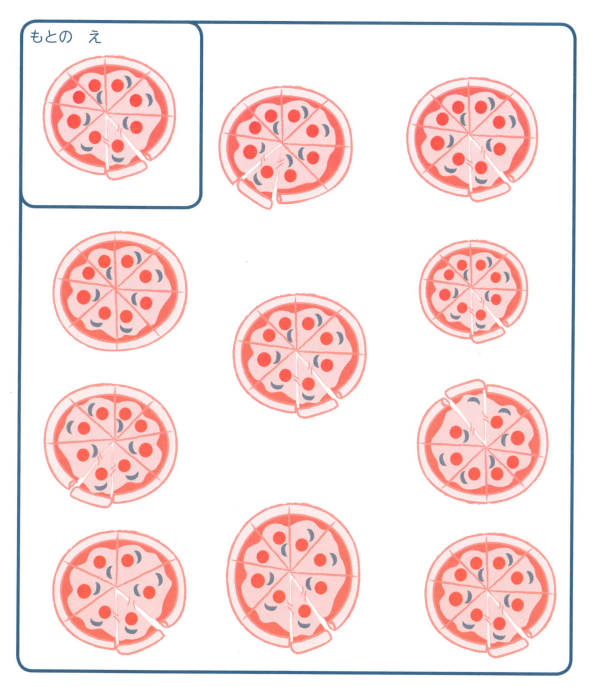

もとの　え

同図形を発見する問題です。どこがどう違っているのかを、言葉で確認してみてください。明らかに違っているものを選択肢から外していくと、解きやすくなります。大きさの違いにも注目しましょう。

( )がつ ( )にち ( )ようび　レベル ★★★☆☆

おなじものは どれ？

もとの えと おなじ りょうりが のっている
おこさまランチを 1こ みつけて ○を つけましょう。

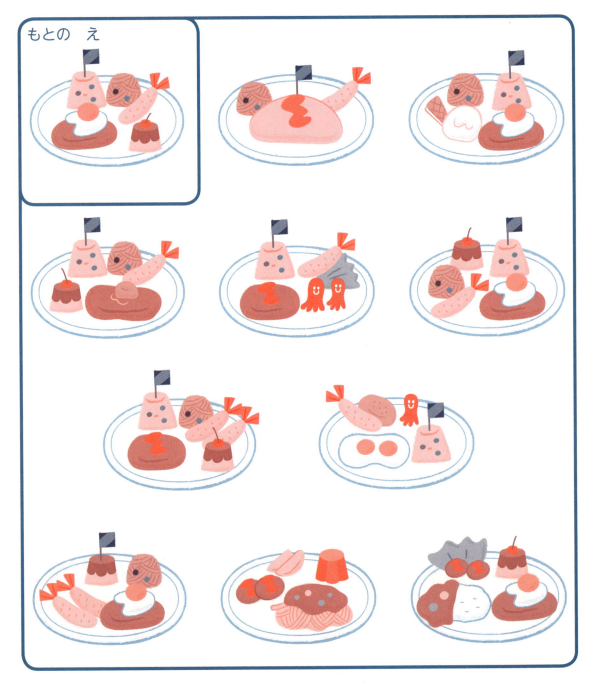

(　　)がつ(　　)にち(　　)ようび　レベル ★★★☆☆

どこが まちがっている?

はだかの おうさまの あるく すがたが かがみに うつっているよ。もとの えと ちがう ところを 5こ みつけて ○を つけましょう。

もとの え　　　　　　　　かがみに うつった え

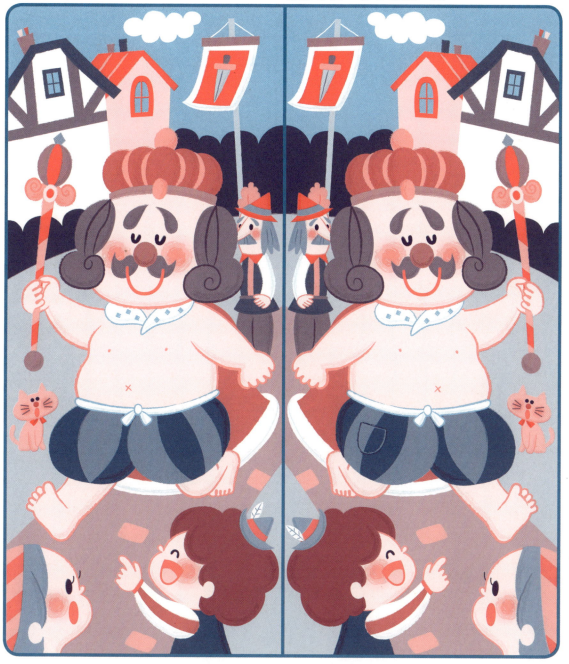

鏡を使った間違い探しです。鏡は左右対称に映るので、向きの違いに、より注目して考えてください。対称という概念は難しいものですが、実際に鏡を使って、どのように映るかを確認してみましょう。

( )がつ ( )にち ( )ようび　　レベル ★★★☆

なくなったものは　どれ？

おまつりで　おめんの　やたいが　でているよ。
うれた　おめんを　6こ　みつけて
もとの　えに　○を　つけましょう。

もとの　え

うれた　あとの　え

(　　)がつ(　　)にち(　　)ようび　　レベル ★★★☆☆

なにが　ちがう？

もとの　えと　ちがう　ところを
10こ　みつけて　○を　つけましょう。

もとの　え

ちがう　え

基本の間違い探しです。わかりやすいところを見つけられたら、次に順序よく細かく見ていくように促しましょう。それでも難しいようであれば、「このあたりは見た？」と、ヒントを出してあげてください。

( )がつ ( )にち ( )ようび　　レベル ★★★★☆

おなじものは　どれ？

もとの　えと　おなじ　けんだまを
3こ　みつけて　○を　つけましょう。

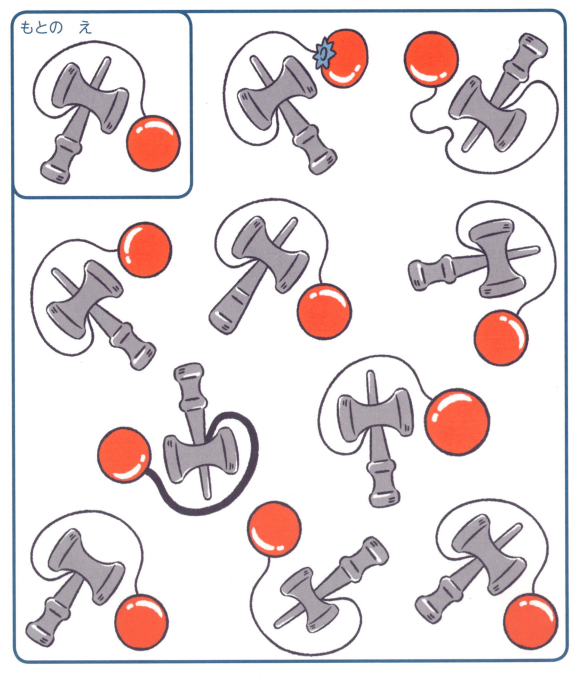

同図形を発見する問題です。どこがどう違っているのかを、言葉で確認してみてください。明らかに違っているものを選択肢から外していくと、解きやすくなります。

( )がつ ( )にち ( )ようび

レベル ★★★★☆

おなじかたちは どれ？

もとの えと おなじになる かげを
3こ みつけて ○を つけましょう。

影を使った間違い探しです。絵柄や模様でなく輪郭をよく観察することが大切です。もとの絵を影のように黒く塗りつぶしたり、輪郭をなぞったりして比べてみると、よりわかりやすくなります。

( )がつ ( )にち ( )ようび　レベル ★★★★☆

どこが まちがっている?

ボートあそびを する ようすが みずうみに
うつっているよ。もとの えと ちがう ところを
7こ みつけて ○を つけましょう。

もとの え

すいめんに うつった え

鏡を使った間違い探しと同じです。上下対称になっています。実際に水たまりや池などで、どのように映るかを確認してみましょう。

( )がつ ( )にち ( )ようび　　レベル

なかまはずれは　どれ？

もとの　えと　ちがう　フルーツパフェを
5こ　みつけて　○を　つけましょう。

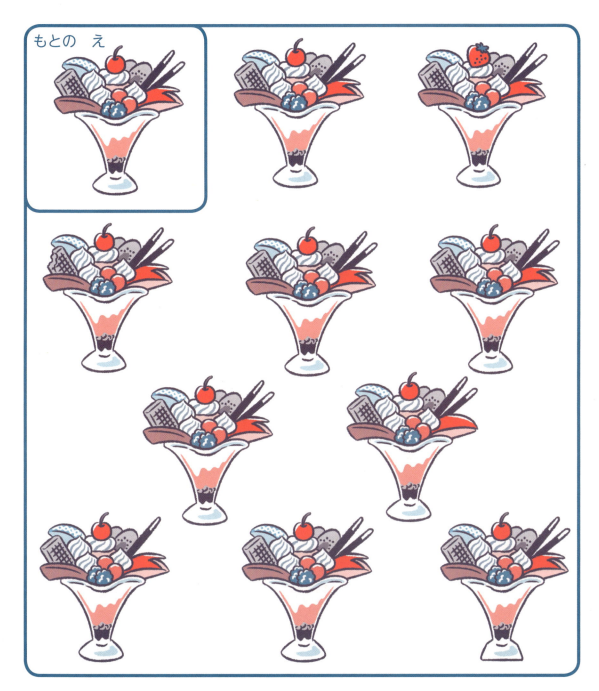

異図形を発見する問題です。同図形を発見する問題とは逆に考え、同じものを選択肢から外していくと、解きやすくなります。比べる要素が多い問題なので、順序よく見ていくように促してあげましょう。

( )がつ ( )にち ( )ようび　レベル ★★★★☆

なにが　ちがう？

もとの　えと　ちがう　ところを
15こ　みつけて　○を　つけましょう。

もとの　え

ちがう　え

基本の間違い探しです。どこがどのように違っているのかを、言葉を使って表現してみましょう。難しいようであれば、「このあたりは見た？」と、ヒントを出してあげてください。

( )がつ ( )にち ( )ようび　　レベル ★★★★☆

なにが　ちがう？

もとの　えと　ちがう　ところを
15こ　みつけて　○を　つけましょう。

もとの　え　　　　　　　ちがう　え

基本の間違い探しです。どこがどのように違っているのかを、言葉を使って表現してみましょう。難しいようであれば、「このあたりは見た？」と、ヒントを出してあげてください。

( )がつ ( )にち ( )ようび　レベル ★★★★☆

へんなかげは　どれ？

かげを　よく　みると　おかしな　ところが　あるよ。
7こ　みつけて　○を　つけましょう。

( )がつ ( )にち ( )ようび　　レベル ★★★☆☆

ふえたのは　どれ？

ドッグランで　あそんでいたら
いぬが　4ひき　ふえたよ。
ふえた　4ひきを　みつけて　○を　つけましょう。

もとの　え

ふえた　あとの　え

時間経過を使った間違い探しです。基本の間違い探しとは違うので、動物や人物の動きは間違いにカウントしません。犬の特徴を観察して、上にいる犬を下の絵から探して印をつけていきましょう。

(　　)がつ(　　)にち(　　　)ようび

どこが　へん？

「おおかみと　7ひきの　こやぎ」の　おはなしと　ちがう　ところが　えの　なかに　5こ　あるよ。みつけて　○を　つけましょう。

①

おかあさんが　もりへ　でかけるので　7ひきの　こやぎたちは　おるすばんを　することに　なりました。

②

こえを　かえて、あしを　しろく　ぬって、おかあさんに　ばけた　おおかみが
ドア（どあ）を　トントントンと　たたきます。
「おかあさんだよ　あけておくれ」
だまされた　こやぎたちは
ドア（どあ）を　あけて　しまいました。

知識を使う間違い探しです。グリム童話「おおかみと7匹の子やぎ」を知っていれば、問題が解けます。知らない場合は、絵の中に書いてあるあらすじを読みながら、文章と絵の矛盾点を探してください。

レベル ★★★★☆

③

おおかみは こやぎたちを
たべて しまいました。
でも はしらどけいの なかに
かくれた こやぎだけが
たすかりました。

④

かえってきた おかあさんは
ねていた おおかみの おなかを
はさみで ちょきん！
こやぎたちが とびだしました。

おかあさんは おおかみの おなかに
いしを つめて はりと いとで
ぬいあわせて しまいました。

( )がつ ( )にち ( )ようび　レベル ★★★★★

おなじものは　どれ？

もとの　えと　かざりつけが　おなじ　くみあわせの
クリスマスツリーを　1こ　みつけて
○を　つけましょう。

同図形を発見する問題の発展です。位置の変化は間違いにカウントされません。明らかに違っているものを選択肢から外していくと、解きやすくなります。種類に注目しましょう。

( )がつ ( )にち ( )ようび　レベル ★★★★★

いなくなったのは　だれ?

ドッジボールで　あそんでいたら　5にんが　ボールに
あたって　しまったよ。ないやから　いなくなった　ひとを
みつけて　○を　もとの　えに　つけましょう。

もとの　え

ボールが　あたった　あとの　え

時間経過を使った間違い探しです。基本の間違い探しとは違うので、人物の動きは間違いにカウントしません。元々、外野にいた子どもに注目して、探していきましょう。

(　　)がつ (　　)にち (　　)ようび　　レベル ★★★★☆

ちがうかたちは　どれ？

ことりと　とりかごの　かげが　ならんでいます。
もとの　えと　ちがう　くみあわせを
5こ　みつけて　○を　つけましょう。

(　)がつ（ 　 ）にち（ 　 ）ようび　レベル ★★★★★

なくなったものは　どれ？

へやの　かたづけを　していたら
ものが　2こ　なくなって　しまいました。
みつけて　もとの　えに　○を　つけましょう。

もとの　え

かたづけた　あとの　え

欠所を発見する間違い探しです。場所は変わっていますが、明らかに残っているものを選択肢から外していくと、解きやすくなります。下の絵と同じものを上から消して考えさせましょう。

(　　)がつ(　　)にち(　　)ようび　レベル ★★★★☆

なにが　ちがう？

もとの　えと　ちがう　ところを
18こ　みつけて　○を　つけましょう。

もとの　え

ちがう　え

基本の間違い探しです。どこがどのように違っているのかを、言葉を使って表現してみましょう。違いを見つける数が多いので、時間を計るなどして、楽しんで取り組めるようにするとよいでしょう。

( )がつ ( )にち ( )ようび　レベル ★★★★☆

ふえたのは　だれ？

としょかんで　あとから　ふたり　きました。
ふえた　ふたりを　みつけて　○を　つけましょう。

もとの　え

ふえた　あとの　え

時間経過を使った間違い探しです。基本の間違い探しとは違うので、人物の動きは間違いにカウントしません。人物の特徴を観察して、上にいる人を下の絵から探して印をつけていきましょう。

( )がつ ( )にち ( )ようび　　レベル ★★★★★

おなじかたちは　どれ？

はさみと　さんかくじょうぎの　かげが　ならんでいるよ。もとの　えと　おなじ　くみあわせを　5こ　みつけて　○をつけましょう。はさみは　ひらいたり　とじたり　しているよ。

（　　）がつ（　　）にち（　　）ようび　レベル ★★★★★

どこが　まちがっている？

「アリと　キリギリス」の　ばめんが　かがみに
うつっているよ。もとの　えと　ちがう　ところを
10こ　みつけて　○を　つけましょう。

もとの　え　　　　　　　　　かがみに　うつった　え

鏡を使った間違い探しです。鏡は左右対称に映るので、向きの違いに、より注目して考えてください。対称という概念は難しいものですが、実際に鏡を使って、どのように映るかを確認してみましょう。

(　　)がつ (　　)にち (　　)ようび

なにが ちがう?

もとの えと ちがう ところを
20こ みつけて ○を つけましょう。

もとの え

基本の間違い探しです。どこがどのように違っているのかを、言葉を使って表現してみましょう。違いを見つける数が多いので、時間を計るなどして、楽しんで取り組めるようにするとよいでしょう。

レベル ★★★★★

ちがう え

( )がつ ( )にち ( )ようび

なにが ちがう?

もとの えと ちがう ところを
20こ みつけて ○を つけましょう。

もとの え

レベル ★★★★★

ちがう え

まちがいさがしの こたえ

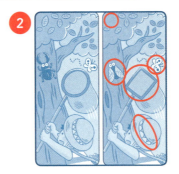
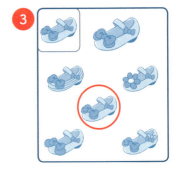

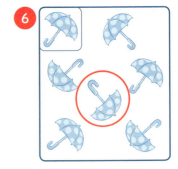

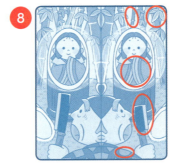
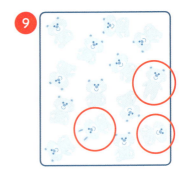

※おかあさんが かたに かけていた バッグを しました。

※のぞいているのが わかい おんなの ひと。

※かぼちゃの ばしゃが たまねぎの ばしゃに なっている。

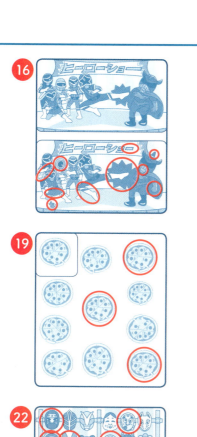

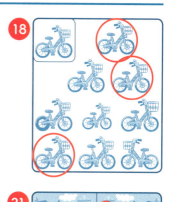
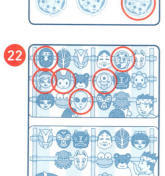

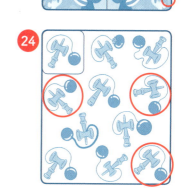

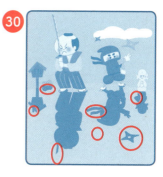

47

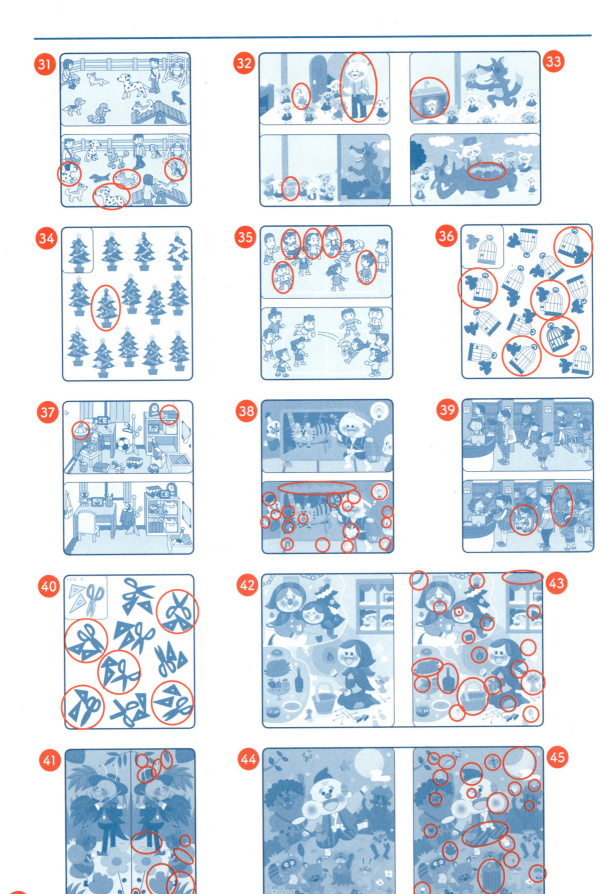